告诉我你的
伟大之处!

心理学专家 Sarah How 著

告诉我你的伟大之处!

未经作者书面许可的情况下，不得转载本书的全部或部分内容，不得在检索系统中存储，不得以电子版、照片、录制等其他任何手段、任何形式进行传播。关于许可信息，请发邮件给 Sarah How。邮箱地址：opendoorfargo@gmail.com

ISBN: 978-0-9893405-5-7

版权 © 2016 Sarah How
版权所有

出版社：How 2 Creative Services，地址：明尼苏达州奥杜邦市200大街17550号，邮编：56511
书面设计：版权©2016，明尼苏达州奥杜邦市 How 2 Creative Services

前封面的心形图案：Justin How 提供并得到使用许可

部分照片：侯通先生提供并得到使用许可

作者照片由美国北达科他州法戈市 Kaia Lee 摄影提供，邮箱：kaialeaphotography@hotmail.com。

照片中的所有儿童：均来自中国天津牧羊地儿童村

非常感谢那些用"伟大之处"触动我生活的人。

如何充分利用这本书？

我们每个人都通过他人对我们所传达的或积极、或消极的言语，来获知自身的价值。同时，每个人也都会选择使用自己的语言去表扬别人身上拥有的美好品质。作为成年人，我们有能力通过语言及行动来认可、赞美孩子们的正确行为。作为一名校心理学专家，同时也是一位母亲，我一直都在不断转变我对儿童教育的看法，开始每天关注、细数身边孩子拥有的所有积极特性。而当我学习 Howard Glasser 所提出的 "Nurtured Heart Approach®" 时，我更是对于这种教育主张而备感兴奋。

您可以使用这本书作为您与孩子沟通，性格培养的起始点。如果您是一位教育工作者，您可以引进"伟大教育"课程，通过使用本书，采取这种方法来审视生活、对话生活。这种课程可以传授孩子一种思想—并非少数精英是伟大的，其实每一个人都是不平凡的。在教授本书时，我们可以充分探讨学生如何展示这些性格品质的一些相关实例，从中您会很容易发现孩子们身上展示的"伟大之处"。当孩子们学会了去看待什么是正确的而不是纠结于什么是错误的时候，他们就会慢慢地展现自己出色的一面，同时也能激发他人身上的闪光点，这样就有助于转变课堂气氛，让课堂充满正能量。在一天的学校生活中，我们为孩子创造很多机会去观察、认知优秀的性格品质，因此，我们可以在每天放学前，带领孩子们召开"伟大会议"，让大家以满满的正能量和感恩之心结束一天的学校生活。

作为一名心理学专家，我极力推荐大家使用这本书，并充分发掘自己的创造力，点燃激情，审视、关注孩子身上的闪光点。课堂文化及学校文化是学生学习的核心。在课堂或家庭中，以具体、明确的方式来传播正能量能够帮助学生在情感上变得更加强大。同时，我也希望得到您对本书的反馈，告诉我您是如何使用这本书，让学生情感变得强大的？

Potter 校长在牧羊地儿童村留影

谨以此书献给 Earl H. Potter, III. 校长 (1946.10.4 - 2016.6.13)，一位与圣克劳德州立大学孔子学院携手为残疾人的平等、融入、权利而奋斗的勇士。

伟大

我展现我的伟大之处！我能用眼睛看，用嘴巴说，我的为人和举止是对的。

我很伟大！

善良

我展现我的伟大之处！我能关心他人，不论他们的肤色，眼睛的颜色，身体的形状和大小，他们的语言或衣着。

我很善良！

专注

我展现我的伟大之处！我能用我的眼睛看，思想专注在学校的功课。

我很专注！

充满活力

我展现我的伟大之处！我能选择健康的生活方式，
跑步，攀爬，游泳，跳跃！

我充满了活力！

独立

我展现我的伟大之处！我能独立阅读、思考、做功课。

我很独立！

整洁有序

我展现我的伟大之处！我能把学习用品放进桌子里，放在它们应该在的地方。

我很整洁有序！

友好

我展现我的伟大之处！

我能和每一个人友好地玩儿。

我很友好！

独特

我展现我的伟大之处！因为我知道在这个世界上，我是独一无二的。我庆祝我最好的一面。

我很独特！

乐于助人

我展现我的伟大之处！

我能帮助维持教室整洁。

我很乐于助人！

快乐

我展现我的伟大之处!

我能和每一个人分享脸上的微笑和心中的喜悦。

我很快乐!

健康安全

我展现我的伟大之处!我能选择吃健康的食物,勤洗手,讲卫生,这样我就不会传播细菌。

我很健康、安全!

合作

我展现我的伟大之处！我能和朋友们一起玩耍，彼此分享并分工协作。

我很乐于合作！

创造力

我展现我的伟大之处！我能画画、涂色、创造新事物。

我很有创造力！

耐心

我展现我的伟大之处!我能安静地举起手,等待老师的提问。

我很有耐心!

负责任

我展现我的伟大之处！在收拾东西的时候，我能马上开始行动。

我很负责任！

坚定

我展现我的伟大之处！即使是在非常困难的时候，也从不放弃。

我很坚定！

想象力

我展现我的伟大之处！我幻想有一天我会成为一名建筑师，一位家长，一名教师或是一个超级英雄。

我很有想象力！

自律

我展现我的伟大之处！我能排队走路，尊重个人空间，不说不友好的话。

我很自律！

好学

我展现我的伟大之处！我能用眼睛看，用耳朵听，不断学习新事物。

我很好学！

伟大

我们已经向你展示了什么是伟大。

现在，轮到你让你的伟大之处发扬光大。

其实，你很伟大！

每天上学, 对孩子来说都是一个拥抱和尊重正确事物的机会。学校是一个伟大的地方,它可以帮助孩子从言语上认知所有美好的品质,例如善良、耐心、有序等。本书的目的就是让学生认识到自身及他人身上拥有哪些优秀的品质。对于教育者而言,这就是教育中所谓的"隐性课程"的一部分,这种"隐性课程"不像书本知识那样简单易得,它需要在学校期间通过不断地听说、观察来掌握。学生学会为他们自身的"伟大之处"找出证据,这就是他们对自身性格品质的一种反思。每一个证据及每一次赞美优秀品质的时刻,都能让孩子们的内心变得强大。今天,就开始对孩子说"告诉我你的伟大之处!"并且教会孩子如何把"平凡"看成"非凡。"

关于作者 Sarah How 与丈夫及四个孩子住在北达科他州的法戈地区,他们家中有两个孩子是从孤儿院领养的。Sarah How 毕业于明尼苏达大学穆尔黑德分校,是学校心理学方面的专家。这是她在北达科他州西法戈地区公立学校第 17 年担任国家认证的学校心理学家,她也是一名得到认证的"Nurtured Heart Approach®"的专家,提供关于"Nurtured Heart Approach®"方面的演讲、培训及咨询。

就个人而言, 《告诉我你的伟大之处!》这本书的内容是我在课后和我的四个孩子打招呼时所用的话语,这些话都聚焦在他们所做的正确的事情上。起初,会觉得有点尴尬,但后来,它逐渐成为了我们沟通和关注正确事物的方式。这一切都只是我们家学习接受"Nurtured Heart Approach®"的开始。值得高兴的是,这种刻意的生活方式不仅仅局限在家里,作为一名职业的学校心理学专家,我发现这种方法在教学及开展积极的师生互动上也十分奏效。"Nurtured Heart Approach®"这一方法是由 Howard Glasser 提出的,如欲了解更多信息,请访问网址 www.ChildrensSuccessFoundation.com。

侯通 (Grady Hou)

侯通 (Grady) 目前担任中国天津牧羊地儿童村的摄影师。

他来自福建省福州市福利院,从小在牧羊地儿童村长大。他十分了解牧羊地儿童村里孩子们的需求。侯通 (Grady) 在牧羊地儿童村大家庭里收获了很多快乐,这些快乐在他的摄影作品中深有体现。侯通 (Grady) 渴望继续发展他的摄影技能,并希望有一天他能够拥有一家自己的摄影公司。

关于侯通 (Grady) 的更多信息或有意聘请他参与特殊摄影项目,

请联系:info@chinaorphans.org。 或通过微信联系,微信账号:Gradyhoudini。

侯通 (Grady)
摄影师

牧羊地儿童村

牧羊地儿童村位于中国天津，是一家民营孤残儿童寄养机构。对于那些被遗弃、因病生命垂危以及有着特殊护理需求的孤儿而言，牧羊地儿童村是一个安全的避难所。尽管我们已经帮助近千名孤儿找到收养家庭，但仍有很多孩子在寻找他们的归宿。

圣克劳德州立大学孔子学院

圣克劳德州立大学孔子学院成立于2014年，其合作伙伴是吉林省教育厅，其宗旨是通过教授和学习中国语言及文化来搭建中美两国之间的桥梁。自成立以来，孔子学院帮助建立了七个孔子课堂，这些孔子课堂分布在当地幼儿园到十二年级的学校中。圣克劳德州立大学孔子学院的核心价值观是包容并蓄，我们成功地申请并通过了第一所聋人学校作为孔子课堂，位于明尼苏达圣保罗市的麦德龙聋人学校。该校通过与长春姊妹学校的合作，两校的聋人学生将会学习中国手语及美国手语，分享跨文化交流及综合课程等项目。在此，特别鸣谢李尧先生及周丽新教授对本书的翻译。有关圣克劳德州立大学孔子学院的更多信息，请访问网址：

Kathryn Johnson 博士，圣克劳德州立大学孔子学院美方院长

Johnson 博士是圣克劳德州立大学孔子学院获批成立的促成者。她曾经担任过聋人及听力障碍学生的教师，她把支持残疾人的这份热情带到了目前孔子学院院长的岗位中来。Johnson 博士往来于中国十五年多，她的第一次中国之旅是2000年与华盛顿高立德大学前行的。Johnson 博士与中文沉浸项目及中文作为第二语言教学项目合作密切，她尤其对麦德龙聋人学校孔子课堂感到自豪，并热切希望残疾学生参与到中美文化的交流中来。圣克劳德州立大学孔子学院的一切工作均得益于胡仁友博士和圣克劳德州立大学 Earl H. Potter, III. 校长的帮助和支持。Johnson 博士的联系方式是：kejohnson@stcloudstate.edu。

孔子学院助理李尧老师，
美方院长庄凯茜博士，
中方院长周丽新教授

Kathryn Johnson 博士，
残疾人权益倡导者
Anastasia Somoza

善良　　　活力

乐于助人

耐心　　　　　伟大

健康安全

合作　　　　　坚定

快乐　　　　创造力

整洁有序　　　　友好

专注　　　独立

　　　　　　独特

之处！

　　　　　好学

　　　　责任感

想象力　　　　自律

www.ingramcontent.com/pod-product-compliance
Lightning Source LLC
Chambersburg PA
CBHW041541040426
42446CB00002B/193